LA PAIX

DE L'EUROPE.

> Quant à la Péninsule, la vue ne perce
> point, ne saisit rien, sous cet horizon chargé
> de brûmes épaisses, qui couvent le germe
> des tempêtes : Quant à l'Orient, le siège du
> péril apparaît comme dans un autre monde,
> l'immensité du péril s'oppose à ce qu'il soit
> franchement abordé, froidement exploré.
> (*Le Sort de l'Orient*, p. 4.)

PARIS,

A. PIHAN DELAFOREST,

IMPRIMEUR DE MONSIEUR LE DAUPHIN ET DE LA COUR DE CASSATION,

Rue des Noyers, N° 37.

1828.

La sainte alliance répondait aux craintes du passé, aux risques du présent et non pas aux menaces de l'avenir.

La France tenant le sceptre de l'usurpation, vaine image que réfléchissait la mémoire; l'Europe arborant le drapeau de l'insurrection, chance trop réelle, qui s'augmentait de jour en jour, frappaient seules l'attention.

Tellement que la politique fut amenée à se couvrir d'une égide étrangère, à contracter sous le titre simulé d'alliance, un pacte de vasselage.

L'Angleterre, moins exposée, n'y adhéra pas; et l'Autriche, la Prusse, mieux éclairées, s'en dégagèrent bientôt.

L'avenir s'affichait sous un aspect effrayant; l'esprit de conquête, désormais s'élançant du Nord, menaçait autant que l'esprit de liberté.

Il fallait une double garantie : le pouvoir d'arbitrage, le droit d'intervention étaient naturellement dévolus à la France et à l'Angleterre, l'une et l'autre exemptes de la manie de conquérir, comme du péril d'être subjuguées.

Et certes, la force requise leur appartenait : l'accord seul manquait et manque encore.

L'Angleterre est prète : car l'orgueil du triomphe, d'abord si vivement exhalé, est rentré devant le souvenir des dangers, sous le ressentiment des fatigues. A ce prix, la victoire ruine.

Mais la France se refuse : et, chose étrange, les motifs se contrarient, les volontés concordent.

Ici, c'est répugnance, horreur ! qu'on ne parle pas de ces gens qui observent le culte protestant, qui conservent le gouvernement constitutionnel.

Là, c'est colère, aversion : ne sont-ce pas ces mêmes gens, qui font respecter la religion de l'Etat, qui ont restauré la dynastie des Bourbons ?

Partout, (car en point de vanité, tous les peuples se font nations) il existe de l'aigreur, de la honte peut-être, tristes effets de combats, de revers fréquens.

L'alliance n'aura pas lieu.

Mais pleurez donc, hommes religieux et monarchiques : le reste des temps vous est alloué à cet effet.

Et que vos antagonistes se félicitent, toutefois sans se glorifier : le sort plutôt que l'art les aura servi; il faut bien que la chance prospère, tourne d'un bord ou de l'autre.

Aux extrémités méridionales du continent, se présentent deux peuplades, qui n'y tiennent que par la superficie du sol, et s'en distinguent essentiellement, par le fonds des mœurs : le mouvement commun de la société s'amortit et s'éteint sur leurs confins, en sorte que demeurant en arrière, restant à l'écart, par ignorance, elles méprisent, et, par crainte, elles haïssent les autres nations.

Or cette ignorance les empêche de comprendre nettement le langage accoutumé des cabinets; cette crainte les excite à supposer des intentions perfides, dans leurs communications.

De là, l'Europe proprement dite, ne doit pas altérer soudainement ses relations avec ces Etats, ni s'entremettre légèrement dans leurs affaires intérieures; et si, comme il est arrivé, des circonstances fortuites l'obligeaient à dévier de cette ligne de conduite, elle doit se comporter, dans les premiers temps, avec des formes appropriées à leur manière d'être, puis, au cas que les tentatives fussent vaines, se montrer en force et commander au lieu d'inviter.

Car ces Etats sont dûment comparés à des enfans, vis-à-vis desquels, après que les moyens de persuasion ont échoué, les voies de contrainte deviennent nécessaires.

Est-ce ainsi qu'agit l'Europe, quant à l'Espagne, quant à la Turquie?

Il faut remonter aux principes des crises.

En Espagne, la plus lâche usurpation triomphe: et l'insurrection généreuse s'élève, l'assistance britannique est invoquée. Enfin la justice rentre en ses droits.

Mais la fatalité ne pèse-t-elle pas encore sur le pays? D'autres périls ne sont-ils pas déja présagés? Pour lors, la France venant aux titres d'une ancienne alliance et d'une religion semblable, aurait un devoir à remplir; et l'Angleterre ayant acquis de l'ascendant, au prix des plus éminens services, aurait un pouvoir à exercer.

Quand donc la France et l'Angleterre, seront-elles en parfaite harmonie? Leur accord réglait tout; leur discorde perd et perdra tout.

Quelques notes échangées, quelques paroles arrachées, quelques démarches simulées ont semblé suffire.

Par un scrupule mal entendu, on a craint peut-être d'attenter aux droits de la royauté; et la royauté abandonnée aux plus vains conseils, prépare, à l'île de Léon, le sol pour la révolte, en laisse couver et poindre le germe, ensuite se retire à l'approche des troupes, enfin se laisse enchaîner au char de triomphe.

Des années s'écouleront; le temps passe sans qu'on en use. Un cordon d'airain sur les frontières, un blocus à l'entrée des ports, la rupture des relations, la saisie des colonies, transmettaient aux peuples d'Espagne l'idée et la force de délivrer leur roi, ou contraignaient les rebelles à se soumettre d'eux-mêmes devant une transaction légitime.

Un mouvement militaire flatte davantage l'esprit national, et dès lors sourit à l'ambition ministérielle.

Qu'on marche donc; toutefois, au cas que la divine Providence se soit engagée à garantir la plus précieuse existence, contre les feux de la guerre et du climat, contre les fatigues de corps, contre les anxiétés d'esprit.

Qu'on marche; toutefois sous la condition qu'après les succès obtenus au prix d'un tel péril, la politique se croira enfin autorisée à empêcher qu'une funeste crise, ne soit bientôt remplacée par un mal non moins affreux et plus honteux peut-être.

En Turquie, l'origine des troubles est différent.

Au nord de l'empire, une révolte éclate, que n'appuient pas les peuples, que n'approuve pas un

Etat voisin; elle s'éteint aussitôt : et cependant les flamèches de ce feu de paille, portées sur les ailes de la renommée, allument au sein des matières combustibles amassées dans le midi, un incendie indomptable.

La Morée soumise depuis peu de temps, plus d'une fois soulevée et toujours se confiant dans la Russie, s'insurge franchement, se défend vaillamment, s'honore dans la mémoire des hommes.

L'Europe encore inquiète et frappée de la coïncidence de l'évènement avec les rébellions de Cadix et de Naples, n'y voit qu'un effet de la même cause; tandis que l'Autriche s'efforce à apaiser le mouvement, à rétablir le calme, soutenant la Turquie, par cela seul que de ce bord, les chances lui semblent plus favorables.

Mais le cri du sang s'élève; les peuples plus sensibles que réfléchis sont émus; l'opinion assiège les trônes, envahit les cabinets. Qui peut lui résister?

Ainsi la politique entraînée, enlevée, violée pour ainsi dire, obéit au lieu d'ordonner, agit avant d'observer, et fabrique des phrases en guise d'armes, triomphe d'avance en imagination.

Déplorable méprise ! Ici, la langue diplomatique n'a point de sens; le papier n'y fait effet qu'en servant de bourre au canon. Et pourtant c'est en Turquie qu'on prétend transiger plutôt qu'en Espagne; c'est sur l'Espagne qu'on marche au pas de charge et non vers la Turquie.

Aussi les regrets, les craintes, tourmentent de toutes parts.

Le cours de la civilisation se montre entre les divers Etats de l'Europe et au sein de chaque Etat, sous les phases les plus contrastantes, depuis les premiers termes, jusqu'aux dernières fins de l'ordre social.

Précoce dans le Nord, impétueuse au centre et arriérée dans le Midi, partout elle possède sa sorte d'intelligence et prescrit son mode de langage; en telle façon que non-seulement la parole, mais encore la pensée, moulées sous un type différent, ne concordent plus de l'une à l'autre région.

Or, dans cette confusion des langues, qui rappelle la tour de Babel, les nations raffinées sont induites en erreur, aussi souvent que les peuplades grossières : chez celles-ci, la défiance, née ainsi que parmi les paysans, de la conscience de l'infériorité; chez celles-là, la vanité, issue, de même que parmi les parvenus, du sentiment de la suprématie, exposent également à mal juger et des choses et des hommes.

Ainsi la pauvre Europe, avec des discours qui

pourtant exprimaient loyalement ses intentions ; s'imaginait mettre en repos les Turcs quant aux desseins contre leur empire, et les amener à la justice, à la raison, au sujet de la liberté des Grecs.

Ainsi la pauvre Europe, tenait pour certain, que le pacha d'Egypte, prêt à se révolter, n'obéirait point aux ordres de la Porte, ne résisterait pas aux offres de l'indépendance ; que la bataille de Navarin avait été bientôt justifiée aux yeux du divan et avait abattu à jamais l'orgueil et l'audace des Ottomans ; enfin qu'en tout cas, l'affranchissement de la Grèce, obtenu par les douces voies de la persuasion ou au premier mouvement des forces militaires, ne serait qu'un épisode insignifiant du drame politique qui doit se dénouer en Orient.

Conceptions inouïes en absurdité, dont le désappointement a éclaté, par une crise de surprise et de colère, à la lecture du document turc.

Et comme la vanité enfin détrompée de tant d'illusions, qui ne peut dissimuler ses mécomptes ni à la conscience, ni à la critique, cherche du moins à s'en venger, à faire porter la peine à ceux qui y ont donné lieu ; on verra l'Europe, d'une voix presqu'unanime, s'élever contre la résistance si naturelle des Turcs, accuser de fraude et de perfidie, leur politique plus loyale que toute autre, et soutenir qu'une proclamation, constitue une déclaration de guerre, que des plaintes sur le traité d'Ackermann équivalent à sa violation, que le renouvellement de la guerre de Perse est l'effet d'une intrigue diplomatique.

Si bien que la Russie est dûment autorisée à envahir, à conquérir la Turquie; sauf pourtant qu'elle ait omis de lire dans le document, ces mots : *si les puissances se désistent au sujet de la Grèce, tout est bien;* sauf aussi qu'elle ignore que la Perse vient de se soumettre à ses armes et de demander la paix.

Mais si, à l'égard des divers Etats de l'Europe, l'esprit humain suit une marche inégale et irrégulière; dans l'intérieur de ces Etats, il se jette sur des voies diamétralement opposées et s'emporte en sens contraire, avec une extravagance pareille.

Deux partis dominent : l'un qui rétrograde devers le passé, l'autre qui anticipe sur l'avenir; dont les folies ne permettent pas de suspecter la bonne foi, dont les sophismes se refusent à entendre, à admettre la vérité : et les gouvernemens tantôt effrayés par l'un ou par l'autre, tantôt attachés à l'un ou à l'autre, ne sentent, ne jugent, ne veulent que d'après eux.

De là, dans la Péninsule, en ne parlant que du parti absolutiste, auquel appartient la direction des affaires, il faut le voir, méconnaissant ce qui est, se reportant à ce qui fut, précipitant ce qui sera, et ce semble voué par un mauvais sort, à lutter contre lui-même, à triompher pour l'ennemi.

En Espagne, qu'on rende Ferdinand à la liberté et qu'on mette une armée à ses ordres; qu'on se garde surtout de lui donner des conseils, de lui susciter des craintes, de lui transmettre des reproches; qu'on se défie seulement de cette perfide Angleterre, ennemie née de l'ordre monarchique, rivale envieuse de l'influence française, qui, depuis quarante ans, entretient, à grands frais, les troubles de l'Europe.

Ainsi fut fait : si bien que l'arbitraire qui repousse les uns, l'anarchie qui attire les autres, travaillant sans relâche les rangs royalistes, les ont dispersés à droite et à gauche, et ont formé la bande des carlistes, recruté la bande des révolutionnaires; au milieu desquelles, la couronne est isolée de toute force, est exposée à subir alternativement, le joug de chaque parti.

En Portugal, il s'agit de dépouiller le roi, puisqu'il a donné une charte, et de détruire la charte, parce qu'un roi l'a donnée, d'appeler la troupe aux armes, de recenser les votes sur la place publique, enfin de se venger de l'Angleterre, en lui enlevant le Portugal, qui n'existe que par elle.

Ainsi fut fait : en sorte (comme disait un ancien révolutionnaire), que de quelque manière que tournent les choses, il y aura toujours quelqu'un de détrôné ; en sorte qu'entre ces trônes consanguins, l'un jeté au-delà des mers, l'autre suspendu en l'air, la loyauté, la fidélité, maintenant divinités à deux faces, entraînent ceux-ci dans un sens, ceux-là dans l'autre, et les soumettent aux chances intermittentes de l'honneur et du déshonneur.

Or, qu'a-t-on fait ? sinon de rejeter en dépit de leur tendance naturelle, la vérité, la justice, la raison, sous la bannière adverse, fort empressée d'accueillir en recrues forcées ; sinon d'accroître les espérances, de préparer le succès, de hâter l'époque, au profit d'une révolution subversive.

Le nom de fatalité serait ce semble, justement attribué au cours embrouillé et compliqué des évènemens politiques, dans lequel la réaction des faits sur les esprits, produit souvent les résultats les plus inattendus ; dans lequel les reviremens fréquens entre les partis, changent totalement la face des choses.

La Russie envahit les principautés, aux applaudissemens de l'Europe : et certes la Russie a tort dans son ambition, comme l'Europe en ses dépits honteux.

La concorde existait entre elle et la Turquie ; et la lenteur accoutumée de ce dernier état à accomplir ses obligations , ne donnait lieu qu'à des échanges de notes.

Quelle est la cause du changement ? L'affaire des Grecs. D'où provient cette cause ? Des puissances alliées. Il faut partir de là.

La Turquie était inerte, est passive. L'affranchissement de la Grèce lui répugne ; le carnage de Navarin l'afflige et l'irrite ; les desseins supposés de la Russie, la frappent d'épouvante. Est-il rien de plus naturel ?

Enfin elle se soulève , se révolte, si l'on veut : le document officiel porte la feinte menace , exprime la colère du désespoir, s'efforce à ranimer l'enthousiasme national pour la défense de l'empire. Dans sa profonde, dans sa permanente conviction , le christianisme est conjuré contre l'islamisme ; fallait-il donc se tenir les mains jointes et le genou en terre, se fier en la miséricorde du vainqueur ?

Du reste, le document se plaint des secours donnés aux sujets rebelles, et des traités imposés par la force des armes ; avec cette seule différence que tout autre cabinet aurait chargé la vengeance de porter les reproches !

Tout se rallie à l'affaire des Grecs : et sous ce rapport, l'aggression vient de la Russie et de ses alliés; sous ce rapport, la Russie est engagée envers ses alliés.

Il n'y a donc nul motif valide, à l'occupation des principautés, si ce n'est de concert avec les puissances, si ce n'est en faveur de la cause grecque : et encore sous ces conditions, une telle mesure légitimée par les lois de l'humanité, est illicite suivant le code de la politique.

Cependant l'occupation va s'effectuer : c'est un fait, derrière lequel, s'éclipse, s'éteint le droit.

Ici, s'opère un revirement subit; ici, apparaît un trait de fatalité, cette fois propice.

L'Autriche s'effrayait des troubles de la Grèce : elle sera plus effrayée encore de la marche des armées russes. Comment arrêter le mouvement? comment parer le coup menaçant? Il n'y a d'autre moyen que d'enlever le prétexte mis en avant, que de contraindre les Turcs à se rendre au vœu de l'Europe, que de leur déclarer la guerre s'il le faut, et d'aller conquérir à la baïonnette, les garanties de son repos, comme de leur salut.

De même, dans la Péninsule, après que l'insigne révolte des Catalans a dû ébranler les esprits obstinés et décider les caractères incertains, on croirait que la providence qui prodigue les avis tutélaires, qui en permettant la première irruption du mal, semble inviter à temps, de se prémunir contre son débordement, se soit montrée, à travers la nouvelle crise du Portugal.

Vainement l'Europe est en parfaite harmonie : vainement Don Miguel donna sa parole, à Vienne, à Paris, à Londres, et prêta serment devant les peuples, à la face du ciel ; vainement il est roi par le fait de la régence et sera roi au titre de sa femme, sera roi dans sa postérité.

Suivant les instigations de la reine - mère, dont le caractère a été franchement tracé dans un journal non suspect (1), un ordre de choses que le bon sens et la bonne foi prescrivaient de maintenir, non sans requérir des conseils du temps, une organisation mieux appropriée au pays, est renversé ou du moins attaqué.

Et c'est un point presque indifférent, que la charte soit abolie aujourd'hui ou demain, soit abolie en entier ou en partie : œuvre inconsidérée et malencontreuse, son existence n'est à respecter que sous les rapports du principe légitime dont elle émane et des conséquences légales qui sont dérivées d'elle.

A peine importe-t-il même, que des regrets sincères s'empressent d'absoudre la conscience, que des erremens plus sages tentent de rappeler la

____

(1) Voyez à la fin.

confiance : le coup foudroyant est porté et a retenti du nord au midi de l'Europe, a frappé les
airs d'un long frémissement.

Que dire ? devant l'opinion vulgaire, les couronnes ne brillent plus de ce fleuron de loyauté,
qui imprimait le respect, qui imposait la foi : entre
les princes et les peuples, il y a guerre ouverte,
guerre de violence et de ruse, où les parties con-
tendantes, se présentant avec des titres égaux à
leurs yeux, doivent sous peine d'être vaincues, se
modeler l'une sur l'autre, se servir des mêmes armes. C'est au plus fort ou au plus fin, qu'appar-
tiendra le triomphe.

Les faits parlent : enfin la politique sera frappée
de la nécessité d'intervenir et de réparer le mal,
autant que le mal ancré dans l'opinion, est répa-
rable, de prévenir le mal, autant que le mal issu
de passions hostiles, peut être prévenu.

« Car les couronnes se sont associées, restent
solidaires.

« Et associées, il leur est enjoint de veiller, non-
seulement à ce que leurs partenaires ne soient pas
dépouillés par la révolte, mais encore à ce que
l'arbitraire ne soit pas exercé par leurs partenaires.

« Solidaires, il rejaillit sur chacune d'entre elles,
quelque chose du blâme, du mépris, du ridicule,

que l'une ou l'autre aura justement mérité, aura seulement encouru » (*La Péninsule en tutelle.*)

Ainsi l'imminence du péril aura appelé le remède efficace ; l'approche du terme fatal amènera un dénouement prospère ; toutefois, si une intelligence profonde, si une volonté puissante, doit porter à la lumière les intérêts communs, et mettre en harmonie les vœux rivaux, qui de même réclament la continuité de la paix, la consolidation de l'ordre.

Car dans l'espèce humaine, trop souvent la passion couvre l'expression des intérêts, la défiance s'oppose à l'exécution des vœux ; et l'histoire est bien éloignée de nous représenter les hautains conseillers des monarques, comme formant une variété à part, comme demeurant hors de ligne, sous ces rapports.

Ici, on doit distinguer.

L'habile Autriche connaît parfaitement ses intérêts, et requiert seulement qu'il soit prêté assistance à ses vœux ; tandis que l'Espagne et le Portugal attendent, non pas qu'on les instruise de leurs intérêts qu'elles sont hors d'état de comprendre, mais qu'on les serve, qu'on les sauve, en dépit des vœux que leur suscite un sort sinistre.

L'imagination même aurait peine à se rendre

compte des prodigieux efforts, des manœuvres compliquées, au prix desquelles l'Autriche a réussi jusqu'à cette heure à conserver l'équilibre de la paix, à consacrer le système d'inertie.

- Ses fins sont fixes, car la nécessité les impose; ses moyens sont variables, ainsi que la circonstance en dispose. Elle a tenté d'étouffer à sa naissance la querelle relative aux Grecs; maintenant elle n'aspire qu'à régler, à conclure l'œuvre de leur délivrance, se donnant de même par cette voie quelque pause de craintes, quelque relâche de périls.

Et de plus, entrevoyant dans une perspective peu lointaine, la destruction de l'empire turc, l'obligation de se maintenir au niveau de la Russie plutôt encore que l'ambition d'agrandir ses domaines, l'engage à se montrer en force, en mesure, pour une telle occurrence.

Mais les vœux sont souvent vains. Comment l'Autriche viendra-t-elle se porter partie dans le débat politique, après avoir paru si long-temps comme arbitre ? Comment, sous le poids des soupçons réciproques, pourra-t-elle entrer en accord, s'établir en alliance avec sa superbe rivale.

Il faut que l'intervention imposante de la France et de l'Angleterre la justifie, par une apparente contrainte, de changer subitement de rôle; il faut que leur entremise conciliante pose les termes, offre des garanties dans les relations amicales des deux puissances.

Veuille le ciel que ces considérations soient enfin appréciées. Soit que par le travail de l'intelligence, les voies de l'avenir s'ouvrent et s'applanissent, soit qu'à défaut de prudence ou d'habileté, elles restent encombrées et hérissées d'obstacles; le temps inflexible marche de même vers ses fins, et les atteint tôt ou tard, ou sans troubles, sans risques, ou parmi les horreurs, les désastres.

C'est sottise d'attendre, c'est folie d'espérer: il y a plutôt à trembler, à frémir; car la première amorce brûlée mettra le feu aux poudres, sur tout le continent. Et dans une crise aussi délicate, quand le croissant doit mettre bas les armes devant la chrétienté, quand l'Autriche et la Russie doivent vouloir et agir de concert; pour obtenir le triomphe et garantir le calme, à peine la politique la plus franche, la plus ferme, en ne perdant pas un jour, doit-elle suffire.

Cependant quel homme, quel démon même pourrait se figurer la scène d'horreurs qui se passerait sur le théâtre de l'Europe, s'il arrivait que la guerre allumée en Orient dût coïncider et confondre ses feux avec les flammes de l'incendie prêt à éclater en Occident.

Espagnols, Portugais, races simples et dès-lors nobles de cœur, races arriérées, non pour le fond, mais quant au mouvement de l'esprit, peuplades formant des nations homogènes au-dedans, et compactes au-dehors; hélas! pourquoi était-il écrit là-haut que cette monstrueuse gloire de l'Attila du dix-neuvième siècle, dont les appétits semblables à ceux du tigre, aussitôt dégoûtés de la proie abattue, couraient sans jamais s'assouvir, de carnage en carnage, devait se jeter à travers votre modeste bonheur, cherchant quelque nouvelle victime à livrer à ses horribles jeux.

Ne parlons plus de ces races : le type primitif empreint par le poids des siècles, et gardé sous le sceau des habitudes, s'est altéré et perdu, au contact de l'étranger, parmi les chocs de la mêlée.

Ne parlons plus de ces nations : le nœud d'alliance serré par les doctrines religieuses, par les maximes monarchiques, s'est relâché et rompu, dans le chaos des crises, dans le conflit des influences.

Restez intacts et vierges encore, sous la servitude des Maures, sous l'empire de l'Autriche, les mêmes Espagnols de Numance et de Sagonte ressuscitent et revivent entre les murs de Sarragosse, ce semble, pour périr enfin, pour être ensevelis au milieu de ses glorieuses décombres.

Une ère inconnue, une ère périlleuse s'ouvre.

Les ames étant changées au fond, d'autres formes sont requises pour la loi ; et l'indolence à la-
quelle retourne le sceptre, l'ignorance dont l'at-
mosphère ombragea toujours le sol, constantes
ennemies de la vigueur et de la sagesse des plans,
ne sauraient enfanter que la morne anarchie.

- Il s'en faut peu que les présages n'annoncent
les mêmes destinées aux royaumes de la Péninsule
qu'aux républiques d'Amérique, en découvrant
une série incommensurable de désastres, de ra-
vages, de massacres, jusqu'à ce terme qu'il n'y a
moyen ni de hâter ni de parer, où, sur les tom-
beaux d'une moitié de la population, viendra s'é-
riger le trône d'airain d'un soldat.

Voilà ce que la politique est forcée de souffrir
de l'autre bord de l'Océan ; voilà ce qu'elle est
obligée, par devoir comme par intérêt, de prévenir sur les terres d'Europe.

Les temps sont mûrs : l'Espagne, au lendemain
de la perte de ses colonies, et le Portugal, à la
veille de la perte des siennes, sont abattus par la
honte ou par la crainte.

Dans l'intérieur, un long cours de perturba-
tions au sein des deux pays, et entre l'un et l'autre,
un régime d'anarchie, inégal en durée, équiva-
lant en poids ; puis, une balance assez justement
compensée, en tenant compte des élémens mo-
raux, dans les forces respectives des partis, sem-

blent présenter une disposition propice des esprits, une position favorable des choses.

L'arbitrage est tacitement invoqué, est formellement commandé.

La France et l'Angleterre ont à choisir, ou de laisser se perdre ou de sauver deux peuples alliés, deux sœurs contrées, dont la fortune alimente leur fortune, dont les périls leur portent des périls, dont la ruine les menace de la ruine.

Et du moins, à l'égard de cette Péninsule, isolée du continent sous tous les rapports, et attenante, adhérente aux puissances de l'ouest, il n'y a pas moyen de nier qu'elles seules sont en droit, sont en pouvoir d'intervenir.

Qu'attendent-elles donc ? qu'un Bonaparte, un Cromwel, un Bolivar, s'élève ; car encore il n'y a pas d'autre chance de salut; car cette sorte d'êtres semble vouée à servir d'instrument à la Providence, pour comprimer la fougue effrénée des esprits, sous le faix écrasant du despotisme.

Qu'attendent-elles? Eh! grand Dieu, quand les vents qui règnent sur l'horizon politique sont chargés des plus sombres tempêtes, les vaisseaux de tête n'ont qu'à se hâter, au premier instant de calme, de rallier l'escadre dispersée, et, voguant de conserve, de l'amener à leur suite, de la faire entrer dans le hâvre dont l'abri s'offre à la vue.

Les divisions qui affligent depuis dix-huit ans, la maison de Bragance, ont retenti jusqu'en Espagne, par suite de l'alliance intime des deux familles royales. Le parti du roi Jean VI et celui de la reine son épouse sont toujours en présence ; tous deux vont de nouveau se disputer le pouvoir et les intrigues recommenceront de part et d'autre, pour avoir l'appui de l'Espagne. On ne saurait nier que plusieurs fois la couronne de Ferdinand a été mise en péril par les troubles dont le Portugal a été le théâtre.

Ferdinand VII, inquiété depuis plusieurs années, par des intrigues venues de Lisbonne, a donné des preuves d'une sagesse et d'une fermeté exemplaires ; et si l'Espagne a été quelquefois victime des menées de ses voisins, il n'en est pas moins vrai que la prudence de son roi l'a préservée dans plus d'une occasion de bien des calamités.

Aujourd'hui les deux partis qui divisent le royaume de Portugal, voudront profiter de l'absence du roi héréditaire, l'un pour conserver le pouvoir dont il est en possession, l'autre pour s'emparer de ce pouvoir, et tous les deux pour mêler le roi d'Espagne dans leurs querelles. (*Quotidienne* 21 mars 1826).